2

crocolivre

Lecture CP

Des animaux dans le pré

Que d'eau ! Que d'eau !

Auguste
le hérisson

Sophie
la souris

Clarisse
la taupe

Que d'eau ! Que d'eau !

Quelle pluie ! Quel déluge !
L'eau du **ruisseau** monte, monte.
Il y a **beaucoup** trop d'**eau**.
L'eau emporte tout :
elle emporte les arbres
et les **animaux**.
Auguste le hérisson est
tombé à l'eau.
Il essaie de nager, mais l'eau
est de plus en plus **haute**.

Le hérisson a peur de se noyer.
Alors, il **saute** sur un arbre qui flotte sur l'eau.
Ouf ! Sauvé !
« Très bien, se dit Auguste,
je suis le capitaine et voilà mon **bateau**.
Il est solide. Je ne risque plus rien. »

Mais qu'est-ce qui flotte dans l'eau là-bas ?
C'est un seau !
Le seau va passer près du bateau d'Auguste.
Quelle surprise !
Dans le seau, il y a Sophie la souris et son **souriceau.**
– Au secours ! **Sauvez**-nous !
Mon petit a le mal de mer, crie la souris.
Le hérisson attrape le seau.
Sophie saute sur le bateau avec son souriceau.

L'arbre flotte sur l'eau du ruisseau.

Auguste le hérisson saute sur l'arbre.
Ce sera son bateau.

Qu'est-ce que c'est ?

une taupe

un taureau

un ruisseau

de l'eau

Un seau passe près du bateau d'Auguste.

La souris saute sur le bateau
avec son souriceau.

Qui est-ce ? Qu'est-ce qu'ils font ?

C'est **Auguste**. Il saute.

C'est Sophie. Elle se sauve.

– Là, regardez ! crie le souriceau.
Auguste le **hérisson** voit Clarisse la taupe blottie au fond d'une **grosse tasse** qui flotte sur l'eau.

– Il faut aussi la sauver, dit le hérisson.

– Avez-vous encore de la place ? demande la taupe.

– Oui, répond le hérisson. C'est moi le capitaine du **vaisseau** des animaux. Vite, saute sur mon bateau !

Plus loin, le hérisson voit une poule
et son **poussin** tout jaune.
– Il faut les sauver, dit la **souris**.
– Montez sur mon bateau !
crie Auguste.
Maintenant ils sont six à bord.
Les animaux ont peur que le bateau coule.
– Ça **suffit**, il n'y a plus de place, dit Sophie.
Mais Auguste le hérisson montre
quelque chose dans l'eau :
– Regardez ! Un animal qui **siffle** et qui **souffle**.
Il va se noyer… Il faut le sauver !

– Ah non ! Pas lui ! dit la souris.
– Non, non, pas lui ! disent la taupe et le souriceau.

Mais qui est dans l'eau ?

Le souriceau voit Clarisse la taupe
qui passe dans une grosse tasse.

Dans l'eau, il y a un animal qui siffle.
– Il faut le sauver, dit Auguste le hérisson.

Qu'est-ce que c'est ?

un seau

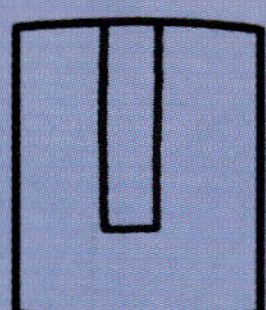

une tasse

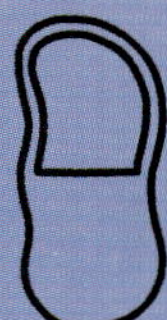

un sac en tissu

Mais qui est dans l'eau ?

C'est le serpent qui est dans l'eau.
L'eau le pousse vers le bateau.
Il siffle : sss ! sss !
– Au secours ! Au secours !
– Non, pas lui ! Pas lui ! dit la souris.
Le serpent n'a pas beaucoup d'amis.
La souris a peur de lui.
Le souriceau et la taupe aussi.
Mais le hérisson est gentil :
– Nous allons te sauver,
dit-il au serpent.
Vite, monte sur le vaisseau des animaux !

Il pousse.

Il siffle.

Un vaisseau, c'est un grand bateau.

À chacun sa maison

o

- le tableau
- une photo
- un chapeau
- des animaux
- un loup
- un lutin

eau

- une poule
- une porte
- des journaux
- un vaisseau
- un bateau

u

au

- un matelot
- de l'eau
- une sauterelle
- un coucou
- du tissu

ou

Fabrique des phrases.

Le seau est devant l'arbre.

L'arbre …

Auguste le hérisson sauve le souriceau.

Sophie la souris …

Dis ce qui ne va pas.

Il saute dans l'eau qui est sur le seau.

Le vaisseau monte sur le capitaine des animaux.

La fête au poulailler

Qui s'agite ainsi dans le poulailler ?
Il y a Frimousse, la vieille poule rousse,
Élise, la petite poule grise,
Pirouette, la poulette à lunettes.
Poules, poulets, poulettes,
venez faire la fête
dans le poulailler
de monsieur Fermier !

la poule rousse

la poulette à lunettes

Retrouve les mots qui appartiennent à la même famille.

Poule

poulailler

boule

poulet

pou

Chat

rat

chaton

chatière

chameau

Dans le Grand Nord

Le monde d'Abuk

Abuk

Bokok,
l'oncle d'Abuk

les cousins d'Abuk

Le monde d'Abuk

Abuk est inuit.
Il a onze ans.
Il vit dans
un grand désert
blanc du bout
du **monde** qu'on
appelle l'Arctique.

Le climat

L'Arctique est une région où il fait toujours froid. L'hiver est **long** et **sombre** car le soleil ne se lève jamais. En été, au **contraire**, le soleil ne se couche pas. Le soir, il descend très bas à l'**horizon** mais **remonte** aussitôt. C'est le début d'une nouvelle journée.

Le monde d'Abuk

Abuk

Bokok,
l'oncle d'Abuk

les cousins d'Abuk

Le monde d'Abuk

Abuk est inuit. Il a onze ans. Il vit dans un grand désert blanc du bout du **monde** qu'on appelle l'Arctique.

Le climat

L'Arctique est une région où il fait toujours froid. L'hiver est **long** et **sombre** car le soleil ne se lève jamais. En été, au **contraire**, le soleil ne se couche pas. Le soir, il descend très bas à l'**horizon** mais **remonte** aussitôt. C'est le début d'une nouvelle journée.

Aujourd'hui, les Inuits habitent des maisons de bois.

L'habitat

Les habitants de l'Arctique sont des Inuits. On leur donne aussi le **nom** d'Esquimaux. Ils habitent des **maisons** de bois aux couleurs vives. Elles sont parfois très grandes et abritent plusieurs membres d'une même famille. Abuk vit avec ses parents, son **oncle,** sa tante et ses **nombreux** cousins.

Les habits

Autrefois, les vêtements des Esquimaux étaient fabriqués en peau de bêtes.

Sur la photo, ces trois Esquimaux portent des costumes traditionnels avec des bottes en peau de phoque.

Abuk habite une région du monde
où l'hiver est long et sombre.

En été, le soleil descend très bas
à l'horizon mais il remonte aussitôt.

Qu'est-ce que c'est ?

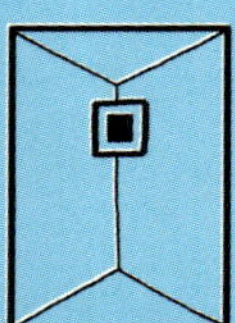

une maison

l'horizon

un poisson

une ombre

Abuk habite dans une grande maison de bois avec ses parents, son oncle, sa tante et ses nombreux cousins.

Bokok a un capuchon blanc. Il porte des bottes bien chaudes qui montent haut.

Qui est-ce ? Qu'est-ce qu'ils font ?

C'est Bokok, l'oncle d'Abuk.
Il pêche du **poisson**.

C'est Abuk.
Il montre sa **maison**.

La nourriture

Beaucoup d'Esquimaux se nourrissent encore des animaux qu'ils chassent et des poissons qu'ils pêchent. Abuk mange souvent du poisson séché et de la viande de phoque **bouillie**. Il n'y a presque jamais de légumes au repas.

La pêche

Les Esquimaux pêchent le saumon et la morue dans des trous percés dans la banquise. Les **bancs** de poissons sont **nombreux** et la pêche est souvent **bonne**.

La chasse

La chasse au phoque est difficile.
Il faut attendre que le phoque monte
sur la **banquise** et s'allonge au soleil. Le chasseur
s'approche doucement. Mais souvent le phoque sent
le danger et plonge pour s'échapper.

Quand ils partent plusieurs jours de leur village, les
chasseurs construisent des igloos pour **s'abriter** du froid.

Il fait très froid dehors mais il fait **bon** dans l'igloo.

Comment construire un igloo ?

La pêche est bonne.
Les bancs de poissons sont nombreux.
Il y a beaucoup de saumons.

Le phoque monte sur la banquise
et s'allonge au bord de l'eau.
Il plonge en cas de danger.

Qu'est-ce que c'est ?

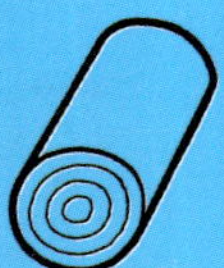

un **b**out de **b**ois

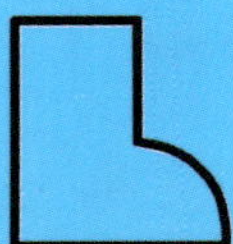

la **b**otte d'A**b**uk

une **b**oule de neige sur la **b**anquise

Comment construire un igloo ?

Pour construire un igloo, on découpe de gros blocs de neige bien dure.

un bloc de neige

Les blocs sont disposés en rond les uns sur les autres. Plus on monte, plus on incline les blocs pour donner à l'igloo sa forme arrondie.

une forme arrondie

On découpe une ouverture basse et on construit un tunnel qui conduit au-dehors.

un tunnel

À chacun sa maison

- un garçon
- le nom
- un problème
- non
- long
- le loup

- le nord
- du poisson
- l'ombre
- un bonnet
- nous

- un trou
- sombre
- une porte
- un bonbon
- une pomme

Fabrique des phrases.

Abuk regarde un phoque.

Le ...

Le chasseur est devant l'igloo.

L'ours ...

L'igloo ...

Dis ce qui ne va pas.

En soleil, l'été
ne se couche pas.

Abuk a des phoques
en peau de botte.

Les plongeurs

un plongeur

Les plongeurs,
quel bonheur,
font de grandes plongées
ou de petits plongeons
pour taquiner les poissons
jusque dans leur maison.

un petit plongeon

Trouve les mots pour compléter.

un plongeon

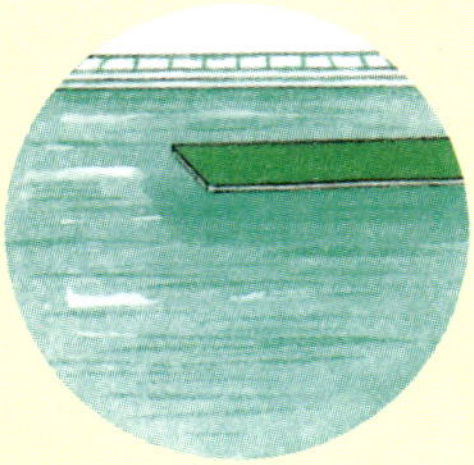

un …

une nage

une …

plonger

nager

la …

une …

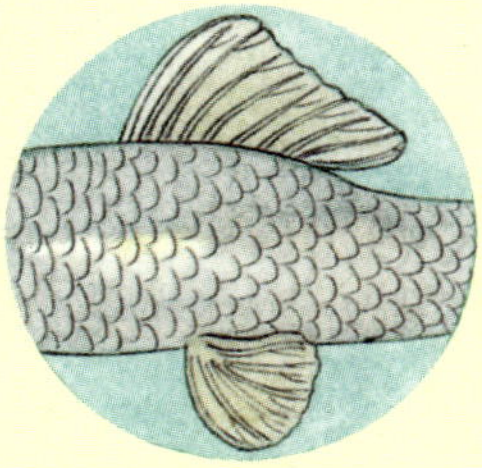

des …

un …

Amuse-toi à fabriquer ces lunettes à deux fentes inventées par les Esquimaux !

1. Reproduis le modèle de ton choix sur du carton et découpe-le.

Les lunettes de soleil esquimaux

2. Demande à un adulte de découper les fentes avec un cutter. Fais un trait sur la jointure des branches avec la pointe d'un stylo pour pouvoir les plier.

3. Décore-les à ta guise avec de la peinture, du papier de soie ou des photos de magazines.

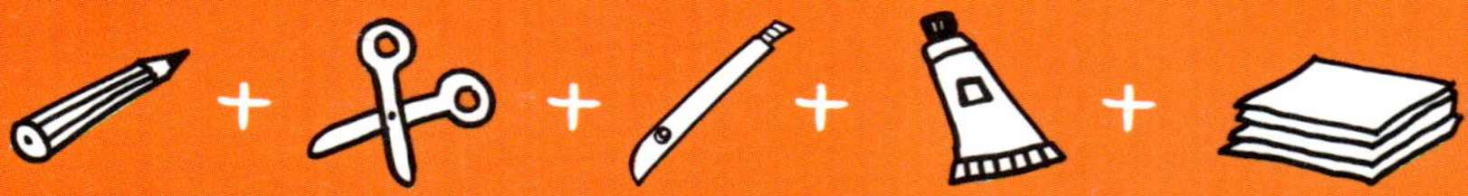

Il te faut : du carton • un crayon • une paire de ciseaux à bouts ronds • un cutter • de la peinture • du papier de soie • des photos de magazines.

Galerie de portraits

Il te faut : des craies de toutes les couleurs.

1. Installe-toi avec des amis face à un mur lisse. Vous devez être de profil.

2. Vos ombres se dessinent sur le mur. Un ami trace avec les craies les contours de chaque visage. Il écrit dessous les prénoms des modèles.

3. À vous maintenant d'admirer cette galerie de portraits. Ressemblent-ils à leurs modèles ? Amusez-vous à les décorer !

Le calendrier

Le dimanche des insectes

la reine
des coccinelles

la reine
des abeilles

leur secrétaire
le bourdon

la guêpe
rapide

Le dimanche des insectes

C'était un dimanche sur l'île des insectes.
Tout le monde **dormait** : l'abeille dans sa ruche, la coccinelle sur une feuille, la fourmi sous la **terre**. La libellule rêvait **près** de la **rivière**. Tous faisaient la sieste, on n'entendait pas une mouche voler.
Soudain, un cri : « Il **neige** ! »
Quelle panique chez les insectes !
De la neige ! On n'avait jamais vu ça !
Sur cette île, il faisait toujours beau, il n'y avait jamais d'hiver.

Aussitôt, tout le monde se mit à la recherche d'un abri. Les fourmis couraient dans tous les sens. Mais les pauvres **bêtes** étaient engourdies par le froid. Les abeilles ne pouvaient plus remuer leurs ailes, les sauterelles avaient les pattes glacées, les papillons grelottaient.

Au palais, les seize reines voudraient comprendre d'où vient cette neige.

Le bourdon dit que la guêpe doit partir vers le nord pour demander de l'aide aux araignées.

Qui est-ce ? Qu'est-ce qu'elles font ?

C'est la libellule.
Elle rêve près de la rivière.

C'est la guêpe.
Elle demande de l'aide.

Lundi, mardi, mercredi, jeudi, vendredi, la semaine s'écoule lentement, pas de **nouvelles** de la guêpe. **Samedi,** la neige recouvre le paysage. Bientôt, il ne sera plus possible de trouver à manger.

Dimanche ! Une nouvelle fois, une agitation inhabituelle **règne** sur l'île. La neige a cessé de tomber. Elle commence à **fondre,** l'été est revenu. Les insectes se **disent** qu'ils ont eu raison de faire confiance à la guêpe et qu'il faudra organiser une **fête** pour la remercier, chanter et **danser** avec elle…
Mais que fait-elle ?

Lundi, mardi, il fallut **attendre** encore deux jours pour que la guêpe **revienne**. Mercredi, à son retour, elle se présenta au **palais** pour faire son rapport **devant** le conseil des reines. Le bourdon prit la parole :

– Alors, la guêpe, peux-tu nous expliquer ce qui s'est passé ?

– Je vais tout vous dire, répondit la guêpe.

J'ai volé longtemps vers le nord, comme les reines me l'avaient ordonné. L'île des araignées aussi était couverte de neige. Les araignées avaient rentré leurs toiles dans les maisons, mais ne semblaient pas affolées. Elles m'ont dit qu'elles étaient habituées : tous les ans, en hiver, il y a de la neige sur leur île et elles doivent rentrer pour s'abriter.

– Mais alors, pourquoi la neige est-elle allée jusqu'ici ?

Dimanche, la neige a cessé de tomber.
Les insectes décident d'organiser une fête
pour danser avec la guêpe.

La guêpe est revenue mercredi.
Devant le conseil des reines, elle dit qu'il y a
de la neige chaque hiver sur l'île des araignées.

Qu'est-ce que c'est ?

un **b**our**d**on

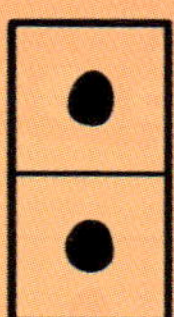

un **d**omino

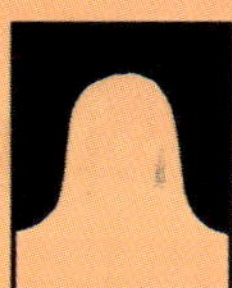

un **d**os
de **d**roma**d**aire

un **d**roma**d**aire
derrière une **d**une

Pourquoi la neige est-elle allée jusqu'à l'île des insectes ?

– Les araignées m'ont prêté des jumelles pour voir ce qui se passait.
Sur la montagne, j'ai découvert un énorme bonhomme de neige.
La tempête soufflait. La neige traversait la mer et retombait sur notre île.
On ne pouvait rien faire.
Alors, j'ai décidé d'attendre.

J'ai attendu lundi, mardi, mercredi, jeudi, vendredi, samedi, et le dimanche le bonhomme de neige avait entièrement disparu.
– Mais pourquoi as-tu mis deux jours pour rentrer ?
– J'étais fatiguée par ma semaine de travail, alors je me suis reposée !

des jumelles

un bonhomme de neige

La tempête soufflait.

À chacun sa maison

è

ê

- une abeille
- une aile
- un élève
- un rêve
- la neige
- la tête

- l'hiver
- la reine
- jamais
- une bête
- une lettre
- la rivière

- une araignée
- un mètre
- la secrétaire
- une guêpe
- treize
- le ciel

ei

e + l r t

ai

Fabrique des phrases.

La reine des abeilles vole. → Les abeilles …

L'abeille rêve qu'il neige. → La guêpe …

Devinette

Qui vole en battant des ailes ?

les voleurs

les avions

Les insectes

les oiseaux

les voitures

La neige

La campagne est enneigée.

L'hiver arrive et la neige avec
sur la planète des insectes.
La campagne est enneigée
et il faut déneiger.
Mais sans chasse-neige,
comment chasser la neige ?
Et sans brise-glace,
comment briser la glace ?

Il faut déneiger.

Trouve les mots pour compléter.

neiger

dé...

un glacier

une ...

neige

glace

un ...

un ...

un ...

un ...

Véhicules et moyens de transport

une fusée

un voilier

un camion

un TGV (train à grande vitesse)

une voiture

une navette spatiale

une planche à voile

un avion de tourisme

un autobus

un navire de commerce

une locomotive à vapeur

un vélo de course

un catamaran

À pied, à cheval et en voiture

à pied

à cheval

en voiture

À pied, à cheval et en voiture

Les **vélos** et les **voitures** n'ont pas toujours existé. Dans l'ancien temps, on **marchait** beaucoup. Les hommes allaient à pied de campement en campement ou de village en village.

Le règne du cheval

Au temps des rois, on se déplaçait souvent à **cheval**. Les chevaliers dressaient leurs montures pour la **chasse**, les tournois et la guerre. Dans les campagnes, les charrettes étaient équipées de bancs en bois pour transporter les paysans et leurs enfants jusqu'à la ville.

Des diligences tirées par plusieurs **chevaux** emmenaient les **voyageurs** et leurs bagages pour de longues distances. Elles transportaient parfois des mallettes remplies d'argent ou d'objets précieux. Les **voyages** duraient longtemps et il fallait se défendre contre les brigands de grands **chemins** !

Le cheval était aussi utilisé pour tirer des carrosses.

Pendant très longtemps, les gens ont marché à pied de village en village.

Le cheval était le moyen de transport le plus utilisé au temps des rois.

Qu'est-ce que c'est ?

un vélo — une voiture — une charrette — un cheval

Dans des charrettes, les paysans et leurs enfants traversaient la campagne pour se rendre en ville.

Les diligences tirées par des chevaux transportaient parfois des mallettes remplies d'argent.

Qui est-ce ? Qu'est-ce qu'ils font ?

C'est un **chevalier**.
Il **chasse** à **cheval**.

C'est un **paysan**.
Il **marche** **vers** le **village**.

Vélocipèdes et vieilles voitures

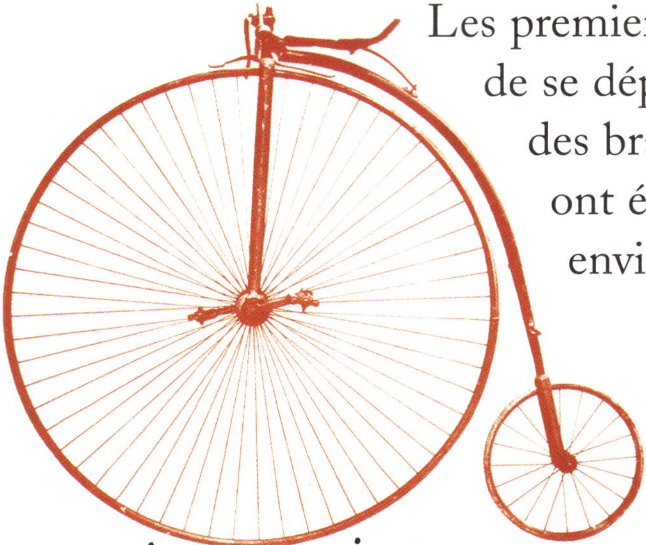

Les premiers engins permettant de se déplacer à la force des bras et des **jambes** ont été inventés il y a environ deux cents **ans.**

Ensuite, l'**invention** du moteur a tout changé !

Le grand bi
L'ancêtre du vélo avait une très **grande** roue avant et une toute petite roue arrière. La selle était perchée très haut.

Les premières voitures ne roulaient pas très vite, mais quel plaisir de se déplacer **sans** effort !

Le chemin de fer

La première locomotive à vapeur ne tirait que quelques wagons. Elle **ressemblait** à un dragon crachant une fumée noire.

De drôles de machines volantes

Bien **avant** les avions, les hommes ont essayé de voler en **utilisant** de drôles de machines.
Les montgolfières étaient de gros ballons, gonflés à l'air chaud, qui permettaient de s'élever dans le ciel. Mais il était dangereux de voler quand il y avait trop de vent ou qu'il faisait mauvais temps.

Et aujourd'hui,
comment se déplace-t-on ?

La locomotive à vapeur entrait en gare en crachant de la fumée noire et en faisant un bruit assourdissant.

Bien avant les avions, les hommes ont inventé de drôles de machines volantes.

Qu'est-ce que c'est ?

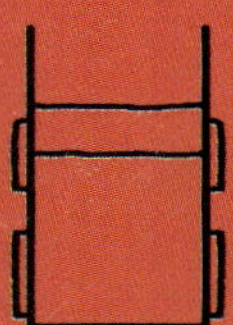

une diligence

un triangle

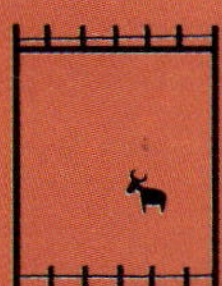

un grand champ

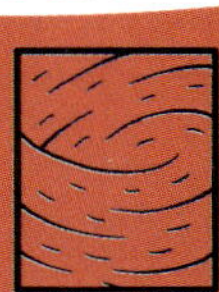

le vent et le mauvais temps

Et aujourd'hui, comment se déplace-t-on ?

Pour parcourir de longues distances, on prend l'avion ou le train. Le TGV relie les grandes villes de France en seulement quelques heures. En ville, on se déplace souvent en voiture. Beaucoup de gens préfèrent prendre l'autobus, le tramway ou le métro pour se rendre à leur travail. Sur la route, les gros camions circulent au milieu des voitures mais, en ville, les livraisons de marchandises se font le plus souvent en camionnette.

On est capable aujourd'hui d'envoyer des fusées vers d'autres planètes.

un tramway

le métro

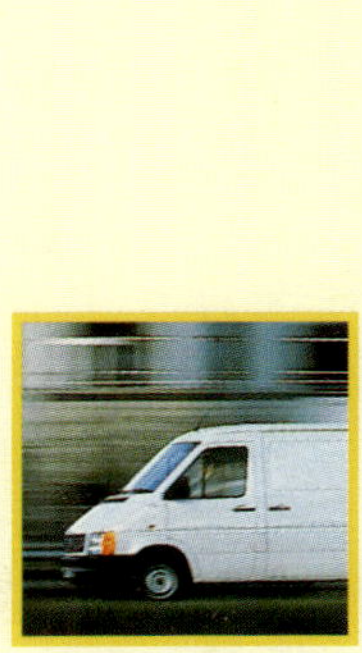
une camionnette de livraison

À chacun sa maison

an | am | a | en | em | e

- attention
- une chambre
- un enfant
- septembre

- une branche
- un champignon
- le vent
- le temps

- un banc
- une dent
- de l'argent
- une plante

- une caravane
- un chameau
- un menu
- remuer

Qui vole ? Qui marche ? Qui roule ? Qui vogue ?

Le paysan ... dans son champ.

Le bateau ... sur l'océan.

La voiture ... sur la route.

L'oiseau ... dans le vent.

Qu'est-ce qui ne va pas ?

Le galope cheval.

La gare sort du vieux monsieur.

L'âne est tiré par la charrette.

La camionnette verte

Moi, j'ai un gros camion marron
rempli de tartes et de savons.
Et moi, j'ai une belle camionnette verte
pleine de tartelettes et de savonnettes.

un camion marron

une camionnette verte

… Trouve les mots pour dire « petit(e) ». …

Une petite maison, c'est une … ?

Une petite fille ?

Une petite poule ?

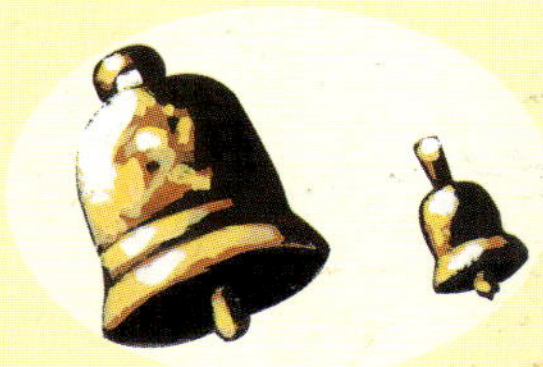

Une petite cloche ?

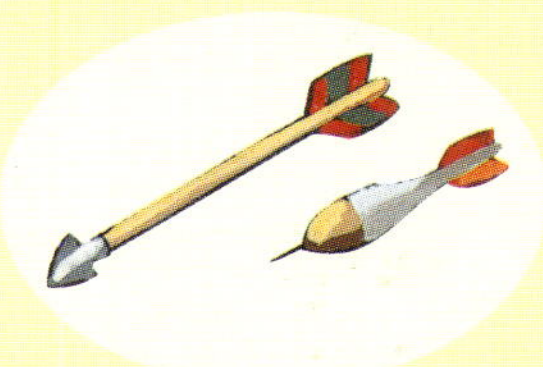

Une petite flèche ?

Une petite goutte ?

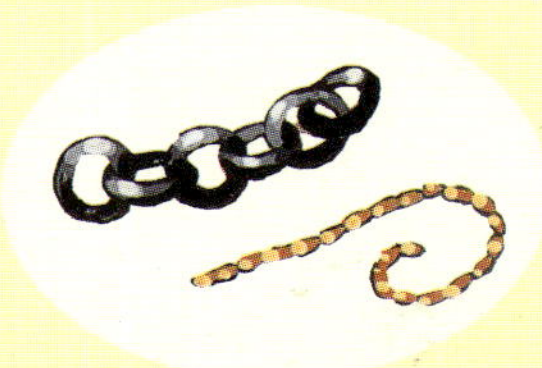

Une petite chaîne ?

Une petite vague ?

Sports et sportifs

le football

le cyclisme

la course

le tennis

l'escalade

l'escrime

la gymnastique

le karaté

le patin à glace

l'équitation

le basket

le ski

le hockey

le judo

le rugby

le canoë-kayak

les sports aquatiques

Coralie au judo

Philippe
le professeur de judo

Coralie

Fanny, Karim
et Benjamin, ses copains

Coralie au judo

Ce matin, Coralie est **inquiète** : c'est l'heure de son **cours** de judo.
Elle boude car elle n'aime pas beaucoup le judo.
Coralie s'assoit loin du tatami, ce grand tapis en mousse dure **qu'elle** craint tant.
Pourvu qu'on la laisse **tranquille** ! Zut ! Voilà le professeur. Le cours de judo commence.

Philippe, le **professeur**, est ceinture noire.
Il s'approche de Coralie et lui tend la **main**.
– Alors, Coralie, tu viens avec nous ?
– Non ! répond Coralie d'un ton **sec**.
– Bon, je te laisse regarder… Tu viendras plus tard.

« Ah ça non ! il n'en est pas **question** », pense Coralie.
D'abord le judo c'est comme le **karaté** : c'est pour les garçons.
Et puis c'est **difficile** d'enfiler un kimono. En plus, avec ce grand pantalon **qui** tombe tout le temps, on se retrouve vite à moitié déshabillé !
C'est malin !

Il est presque midi, Coralie n'est toujours pas décidée. Elle regarde les autres de loin.
Ses **copains** Fanny, Benjamin et Karim **font** les **fous**.
Ils se bousculent et rient aux éclats.
Ils font des culbutes et des roulades dans tous les sens sur le tapis de mousse.
Et finalement, Coralie trouve que les filles sont jolies avec leurs **kimonos** blancs.

Le cours de judo commence. Coralie est inquiète. Elle voudrait qu'on la laisse tranquille.

Le professeur de judo, Philippe, fait quelques pas vers Coralie. Il lui tend la main.

Qu'est-ce que c'est ?

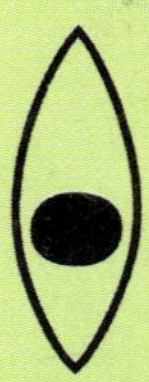

un **c**anoë

un **q**uatre

un cin**q**

un **k**imono

Fanny, Benjamin et Karim font les fous.
Ils font des culbutes et des roulades
sur le tapis de mousse.

Finalement, Coralie trouve que les filles
sont jolies avec leurs kimonos blancs.

Qui est-ce ? Qu'est-ce qu'ils font ?

C'est **Philippe**, le professeur de judo. Il enfile son kimono.

C'est **Fanny**. Elle **fait** la **folle** !

Philippe montre une prise de judo à Benjamin.
Curieuse, Coralie se rapproche un peu et **soudain** elle éclate de rire : Benjamin a réussi à faire tomber Philippe !
Finalement, le judo c'est plutôt rigolo.

La petite Chloé vient se placer devant Coralie.
Elle **s'incline** pour la saluer et lui dit :
– Tu viens faire une prise avec moi ?
« Ça n'a pas l'air si compliqué, après tout, se dit Coralie.
Et puis, avec Chloé, je ne **risque** rien, elle est petite et très **mince** ! »
Chloé attrape Coralie par son kimono.
Surprise, Coralie se retrouve sur le tatami, les jambes en l'air !

Philippe a tout vu. Il se place
en face de Coralie et lui dit :
– Allez, Coralie, recommence
cette prise avec moi !
Un peu de courage, d'accord ?

Philippe est grand et fort ;
sa **ceinture** noire impressionne
beaucoup Coralie.
Mais soudain, elle l'attrape
par son kimono et tire
de toutes ses forces.
À la fin, Philippe, déséquilibré,
tombe à la renverse.
Les autres éclatent de rire.
– Bravo Coralie ! **Demain**,
c'est toi qui seras notre
nouveau professeur de judo !

– Et nous aussi, on deviendra
professeurs de sport,
ajoutent Fanny et Benjamin.

Quels sports les copains
de Coralie vont-ils choisir ?

Chloé s'incline devant Coralie. Coralie se dit qu'elle ne risque rien car Chloé est petite et très mince.

Maintenant, Philippe est en face de Coralie. Soudain, Coralie attrape Philippe par son kimono. Elle tire de toutes ses forces. À la fin, Philippe tombe.

Qu'est-ce que c'est ?

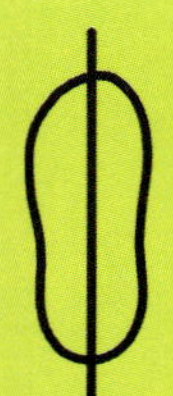

un **patin** à glace

le nombre vingt et **un**

une **ceinture** de judoka

la **main** d'**un** robot

Quels sports les copains de Coralie vont-ils choisir ?

Fanny fait de la natation : elle va à la piscine tous les mercredis et une fois par semaine avec son école. Elle voudrait être maître nageur.

Camille adore les chevaux. Elle a commencé l'équitation en colonie de vacances et a rapporté plein de photos. Elle rêve de faire des acrobaties à cheval dans un cirque.

Erwan fait du mini-catamaran au club de voile. Il a gagné une course contre la classe des grands. Peut-être qu'il deviendra moniteur.

Benjamin veut devenir professeur de tennis. Il a déjà la raquette et une casquette de champion.

Jonathan joue au football. Il veut remporter la coupe du monde.

un maître nageur

des acrobaties

la coupe du monde

À chacun sa maison

in-im · ein · ain-aim · i · un-um · u

- une image
- mon copain
- vingt et un
- une ceinture
- la fin
- c'est simple
- soudain
- le matin
- j'ai faim
- maintenant
- du parfum
- la lune
- c'est fini
- le requin
- de la peinture
- une semaine
- une reine
- la lumière

Qui est-ce ? Fais des phrases.

C'est un cavalier.
Il a perdu …

C'est une …
Elle a …

C'est un …
Il a …

Qu'est-ce qui ne va pas ?

Elle son kimono enfile.

La raquette a cassé le joueur.

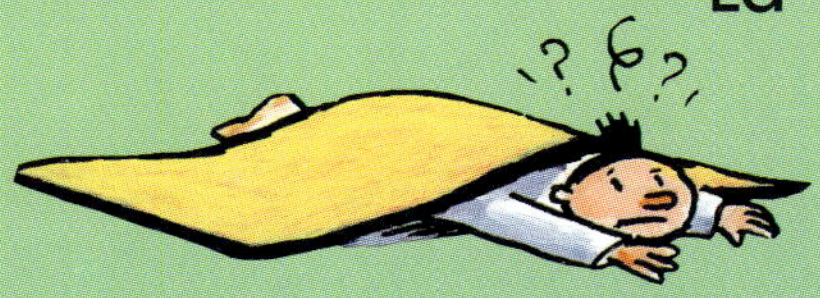

Le tatami est sur le judoka.

Le judo

Chloé est bien coiffée.

Au judo, c'est sûr,
on a la vie dure.
Sur le tatami bien déroulé,
Chloé est toute décoiffée.
Benjamin est à moitié déshabillé
et la ceinture de Karim est dénouée.
Au judo, on a la vie dure
mais quelle aventure !

Chloé est toute décoiffée.

Trouve les images qui vont ensemble puis raconte une histoire.

1

2

3

4

A

B

C

D

10078616 - (I) - CSBTS - 170° - mars 2001
Imprimé en France par Pollina 85400 Luçon - n° L 82912